*El verdadero nombre de Dr. Seuss era Theodor Geisel.
En los libros que escribía para que fueran ilustrados
por otros, usaba el nombre de Theo. LeSieg,
que es Geisel deletreado al revés.*

Translation TM & copyright © by Dr. Seuss Enterprises, L.P. 2021
Illustrations copyright © 2000 by Joe Mathieu

Visit us on the Web!
Seussville.com
rhcbooks.com

Educators and librarians, for a variety of teaching tools, visit us at
RHTeachersLibrarians.com

Library of Congress Cataloging-in-Publication Data is available upon request.

ISBN 978-1-9848-3128-6 (trade) — ISBN 978-0-593-17771-6 (lib. bdg.)

MANUFACTURED IN CHINA

10 9 8 7 6 5 4 3 2 1

First Edition

¡DIENTES Y MÁS DIENTES!

Dr. Seuss*

*Escrito como

Theo. LeSieg

Ilustraciones de Joe Mathieu
Traducción de Georgina Lázaro

A Bright and Early Book
Random House 🏠 New York

¿Quién tiene dientes?

Bueno...
mira alrededor
y enseguida verás quiénes.
Sí, tu tío, el que es pelirrojo,
ya verás que también tiene.

Los policías tienen dientes.
Las cebras tienen también.

Si montas en monociclo,
con tus dientes vas muy bien.

Los camellos tienen dientes.
Los camelleros, igual.

Y niñas como Piedad
tienen muchos.
¡Cantidad!

¡Dientes!
¡Los hay en cualquier lugar!
¡Aire o monte,
es igual!

Si quieres
profundizar,
bajo tierra
los verás.

Los encontrarás al norte,
al este, al oeste, al sur.
Y en la boca de un león
también los podrás ver tú.

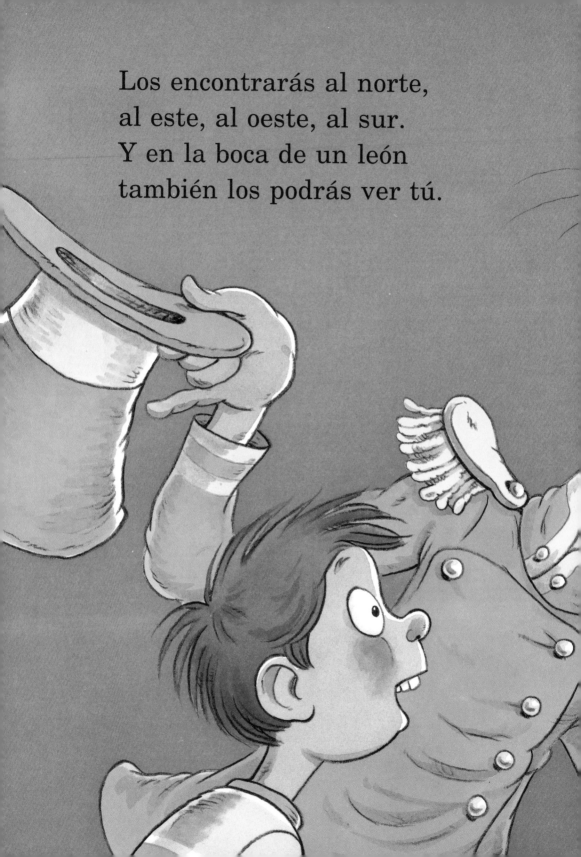

¡DIENTES!
Están de moda los dientes.

¡Deben ser
muy
convenientes!

«Útiles
cuando masticas
—dice don Sergio Malpica—.

»Por eso en nuestra familia son variados, si te fijas».

«Si sonríes,
son excelentes»,
dice el cocodrilo
Chente.

«Vienen bien
en mi trabajo
—dice el trapecista
Gabo—.

»Si algún día
pierdo un diente,
pierdo a mi esposa
igualmente».

«Te ayudan siempre
al hablar
—dice el locutor
Juan Blas—.

»Sin mis dientes,
como un pato,
cuac, cuac, cuac
sería el relato».

«Qué suerte que tienes dientes
—dice un triste caracol
llamado
Juan Ardebol—.

»Yo no puedo sonreír
como el cocodrilo Chente
porque no tengo ni un diente».

«Como yo no tengo dientes
—señala Aleja, la almeja—,
me quedo
sin las lentejas.

»No tengo ni un solo diente
—repite Aleja, la almeja—.
¡No puedo comer
ni *pizza*,
ni costillas de cordero!
¡Palomitas de maíz!
¡Ni siquiera un buen puchero!».

«Sin mis dientes, aunque trato,
no hago sonar el trombón»,
dice triste una medusa llamada
Ana Bombón.

Y dice Hilda Gallina:
«Yo tampoco tengo dientes.
Pero las mujeres, sí.
Y también
los hombres tienen.

»Así que tengo noticias
que son buenas. Cómo no.
¡Tendrás dos juegos de dientes!
Juego uno y juego dos.

»Perderás
el primer juego;
no será
muy placentero.

»Y saldrá el segundo juego.
32 dientes, muy nuevos.
16 arriba irán
y abajo 16 más.

»Cuando ese segundo juego
un día por fin aparezca,
¡NO HABRÁ NINGÚN JUEGO MÁS!
¡DEBES TENER ESO EN CUENTA!».

ASÍ QUE...
No mastiques ningún árbol
como los castores. No.
¡Si lo haces
puedes perder
el juego número dos!

Y...
no seas tan osado
como lo es el Sr. Hudo.
¡Que no se rompan tus dientes
por desatar unos nudos!

Y no seas tan tontito
como lo es Anita Abella.
¡No destapes con los dientes
la tapa de las botellas!

Y no engullas tanto dulce
como hace Ricardo Traste.
¡Todos dicen que sus dientes
tienen más de treinta empastes!

Claro que cuando sonríes
ellos son muy convenientes.
Por eso, para que duren,
debes cuidar bien tus dientes.

Nunca muerdas al dentista
cuando trabaje en tu boca.
Es amigo
de tus dientes.

¡Mejor muerde a otra persona!

DR. SEUSS (conocido como Theodor Geisel cuando no estaba escribiendo o dibujando) escribió e ilustró muchos libros para los niños y sus afortunados padres. Pero a veces a Dr. Seuss le gustaba escribir los libros y que otra persona los ilustrara. En esos libros usó el seudónimo de Theo. LeSieg (¡que es Geisel escrito al revés!).